$b^{55} 1461$

I0122061

L'ÉTAT DE SIEGE

PAR

E. QUINET.

Représentant du Peuple.

Prix : 25 c.

PARIS.

CHAMEROT, LIBRAIRE,

RUE DU JARDINET, 13.

1850.

L'ÉTAT DE SIÉGE,

PAR

E. QUINET,

Représentant du Peuple.

BIBLIOTHÈQUE NATIONALE R.F. IMPRIMÉS.

PARIS.

CHAMEROT, LIBRAIRE,

RUE DU JARDINET, 13.

—

1850.

Paris. — Imprimerie de L. MARTINET, rue Mignon, 2.

L'ÉTAT DE SIÉGE.

———◆———

A MES COLLÈGUES DE L'ASSEMBLÉE NATIONALE.

REPRÉSENTANTS DU PEUPLE,

C'est le cri sourd de la population la plus misérable (1) de France que je voudrais faire arriver à vos oreilles ; le mal est devenu si grand, que la question de parti n'est plus rien devant celle d'humanité. Voilà pourquoi je m'adresse ici, loin du bruit passionné de nos discussions, à chacune de vos consciences en particulier. Pesez de sang-froid les maux que je vais raconter en peu de lignes : ils sont tels que la tribune pourrait difficilement les supporter ; dites s'il vous plaît de les faire durer un jour de plus.

Ah ! si le roi savait, c'était le mot de l'ancienne monarchie ; nous disons maintenant, *Si la France le savait,* jamais oppression aussi antisociale n'eût pu seulement commencer. Mais ce qui contribue à notre misère, c'est précisément la paix, le silence de nos campagnes ; il n'y a point parmi nous de grands centres d'industrie dont la voix traverse aisément la France, mais des villages écartés, décimés dans la Bresse et la Dombe, où la plainte solitaire ne peut trouver d'écho. Songez combien il est aisé d'opprimer, d'accabler lentement, un à un, des paysans éloignés les uns des autres, comme à travers les savanes d'Amérique. Point d'imprimerie que pour leurs adversaires. Un seul journal existait pour eux à l'extrémité du pays ; la police a commencé par le supprimer. Cela fait, le pays s'est trouvé bâillonné ; grande facilité pour le garrotter et le torturer sans qu'aucun cri se fasse entendre.

Il en est résulté que vous n'avez, non plus que le reste de la

———

(1) M. de Mornay se servait déjà en 1840 de ces mots : la *contrée la plus misérable de France.* (*Question sur les étangs,* par M. de Mornay, p. 38).

France, aucune connaissance de ce qui se passe chez nous: le régime de l'état de siége devenu pour nous une exception dans l'exception; nos paisibles campagnes envahies, nos villages investis pendant la nuit, les plus gens de bien traqués, entraînés, souvent les mains liées derrière le dos; et, après tant de violence, pas une trace de culpabilité chez ces grands criminels d'État arrachés à la charrue. Partout la justice a répondu : Je ne vois aucune faute dans ces hommes.

Il est certain que tous les droits que l'on s'attribue dans un pays conquis, après une bataille rangée, on les exerce contre l'Ain; sur quoi nous demandons humblement par quelle épée nous avons été conquis, et si les Autrichiens de 1814 ont de nouveau forcé le Pas de l'Écluse? Jamais ceux-là ne nous ont fait souffrir ce que nous souffrons aujourd'hui.

Qu'est-ce donc que cette terre de malédiction, qu'il est nécessaire de gouverner à la façon de Radetzky? Voulez-vous le savoir? Demandez-le à M. le ministre de la justice; il vient de nous distribuer le tableau statistique des crimes et délits commis en France. Dans ce tableau, un département est présenté comme un modèle à tous les autres, comme celui où ce que les hommes respectent est le plus respecté; et c'est celui contre lequel ils déchaînent depuis sept mois leurs lois d'exception et de terreur! Relisez-la cette page IX du Rapport de M. le président du conseil : « *Il n'y a eu dans l'Ain que* 1 *accusé sur* 12,663 *habitants.* » proportion unique! Avouez que c'est là une justice étrange. Pendant que le président du conseil donne à nos compatriotes ce témoignage irrécusable arraché par les chiffres, que la loi est mieux obéie parmi eux que dans aucune autre partie du territoire, le ministre de l'intérieur les livre aux fourches de l'état de siége comme des hommes de rapine et d'anarchie.

Mais voyez donc si l'anarchie n'est pas bien plutôt parmi ceux qui les condamnent, et si le scandale n'est pas avec eux. Comment! ils affirment, ils publient que le territoire de France où ils comptent le moins de rébellions, de spoliations, de violences, de meurtres, de vols, d'abus de confiance, de crimes contre les propriétés, contre les personnes, est le département de l'Ain; puis, quand ils ont fait ce calcul et tressé cette couronne murale, ils déclarent, d'un autre côté, que tout est perdu s'ils ne livrent ce pays d'honneur à l'exception du sabre et des baïonnettes. Pour moi, je conclus qu'ils renversent ainsi toute idée de moralité et d'autorité parmi nous : la moralité, puisqu'ils condamnent le pays qu'ils tiennent pour le plus honnête du monde; l'autorité, puisqu'ils déclarent qu'entre eux et lui il y a la guerre.

Par ce témoignage officiel, notre pays n'est-il pas bien vengé des calomnies officielles dont on l'assiége sans trêve? Car il ne se peut que les plus simples ne fassent le raisonnement qui suit : Si le département que le gouvernement dit être le plus modéré, le plus étranger à la violence, est précisément celui qu'il garrotte et torture avec le plus de soin, il nous apprend par là que ce qu'il veut, ce qu'il réclame, ce qu'il attend de nous n'est ni l'honnêteté, ni la modération, ni le respect des propriétés et des personnes; la conséquence est mathématique. Si l'on oppose que ce département est plus frappé qu'un autre parce qu'il est plus révolutionnaire, on arrive à cet autre résultat, que le plus révolutionnaire est en même temps le plus soumis aux lois; ce qui détruit d'un seul coup l'échafaudage d'immoralité, de barbarie, que l'on dresse incessamment devant la conscience des ingénus.

A cette considération de la situation morale de ce pays, je veux en ajouter une autre tirée de sa situation physique, qui n'est pas moins unique en France.

Chaque jour, on réclame dans la presse ou à la tribune contre tel ou tel atelier malsain où l'industrie consume ses ouvriers. Me sera-t-il permis, sans mériter les menottes ou la corde, d'élever timidement la voix en faveur d'un atelier dont il n'a pas encore été dit un mot, je parle d'un atelier de soixante-sept lieues quarrées, 134,000 hectares, où s'éteignent, pour disparaître jusqu'au dernier, 30,000 ouvriers laboureurs, reste d'une population autrefois florissante? Me sera-t-il permis de dire, que, dans l'endroit où l'on condamne l'espérance comme un crime, mon pays dévore, engloutit ses habitants, qu'une industrie de mort établit là, à grand'peine, artificiellement au cœur de la France, des marais Pontins où depuis un siècle les villes font place aux hameaux, les hameaux à la chaumière isolée, la chaumière à la solitude, la solitude au marécage, sans qu'aucune plainte sortie de ces plages empoisonnées par l'avarice ait encore frappé vos oreilles ? Pourrai-je ajouter que dans le pays que nous aimons par-dessus tous les autres, chaque année les morts l'emportent sur les naissances, que la vie y est en moyenne de vingt-deux ans, pendant qu'elle est de plus de trente-sept ans dans le reste de la France, que la force active y est inférieure d'un tiers, que la faiblesse musculaire des hommes et des animaux empêche d'y faire de profonds labours (1), que l'on est obligé *d'y renouveler en partie tous les ans* les enfants qui servent de bergers (2) ? A ces faits empruntés de pièces officielles (3), ajoutez les décès des batteurs, moissonneurs, domestiques, étrangers, qui vont mourir dans leur pays de la mort contractée parmi nous en se mêlant à nos travaux seulement pendant deux mois. Chez nous un homme de quarante ans est un vieillard.

Si encore la nature avait fait le mal ! mais non ! c'est l'incurie de l'administration autant que celle du législateur. Il y eut un temps où ce pays était plein de villes florissantes ; une population nombreuse, robuste, l'habitait (4). Comment donc la ruine, la dépopulation, la mort, se sont-elles répandues si vite dans nos campagnes ? Comment telle ville qui comptait 4,000 habitants en a-t-elle à peine 200 aujourd'hui ? Comment est-il arrivé que telle église qui s'élevait au milieu d'une ville, s'élève aujourd'hui seule, au milieu de la plaine déserte dans un immense cimetière ? A cette question, un écrivain du dernier siècle a répondu par ces mots (5) : « Les grands propriétaires, les bons bourgeois dont cette partie abonde plus qu'ailleurs, ont absorbé les petites habitations, nommées *mas*, et les ont détruites. » Ces grands tenanciers ont résolu le problème de supprimer l'espèce humaine ; et sans frais de machine, ni de main-d'œuvre, ils ont eu le génie de se créer un revenu. Comment cela ? En inondant, submergeant le sol naturellement le plus sec de France ; à force d'art,

---

(1) De Mornay, p. 3.

(2) Cette consommation d'enfants ne porte pas tout entière sur ceux du pays. (*Rapport de la commission d'enquête*, p. 161, etc.)

(3) Puvis, *Notice statistique sur le département de l'Ain*, p. 105. *Du desséchement des étangs*, p. 9. — Greppo, *Mémoire*, p. 33.

(4) Le docteur Bottex, *Des causes de l'insalubrité des Dombes*, p. 28, 45, etc. *Rapport de l'enquête*, p. 156.

(5) Cités par Varennes de Fenille (*Nouvelles observations sur les étangs*, 1791).

ils ont créé là une immense maremme; ils ont ramené la nature cultivée à la barbarie, en la couvrant d'eaux dormantes, marais, étangs, lacs fangeux qui, se communiquant les uns aux autres, comme un ulcère, ont empoisonné l'air vital; sur un plateau seul, on en compte plus de 1,600. L'histoire de ces Romains qui nourrissaient leurs murènes de chair humaine s'est accomplie chez nous à la lettre. Les hommes ont disparu pour engraisser les viviers.

Après cela, effrayés de la solitude qu'ils ont faite, les possesseurs du sol se sont enfuis pour échapper au foyer de peste qu'ils ont créé, laissant à leur place, dans leurs manoirs déserts, un fermier, un garde chargé d'exploiter les funérailles de toute une population. De là ce grand nombre de vieux manoirs, de châteaux, de tours, qui, sans être en ruines, sont et demeurent inhabités, et surgissent du fond des eaux. Si vous suspendez à l'air un linceul, il se couvre de taches livides, comme le cadavre d'un empoisonné. On a calculé que les efforts prodigieux que cette population a dû faire pour se décimer, elle serait hors d'état de les faire aujourd'hui pour se sauver. Et le mal ne s'arrête pas; au contraire : de nos jours seulement, plus de deux millions ont été dépensés pour augmenter l'ulcère (1). Comment donc s'étonner que la population diminue chaque jour, et pour ainsi dire à vue d'œil, malgré de constantes immigrations attirées par le haut prix des salaires, et qui ne parviennent pas à combler la fosse toujours ouverte? Calcul effrayant (2) : dans ce pays, l'impôt du sang, la conscription, se prélève, non sur le produit net des générations, lequel n'existe pas, mais sur le déficit; la France y dépense et dévore chaque jour par anticipation son capital humain.

Au lieu de calomnier ces hommes, il faut avouer que s'ils n'eussent été les plus patients, les plus tempérants, depuis longtemps on eût cessé d'entendre parler d'eux. Ils ont résisté par le cœur; c'est un miracle qu'ils n'aient pas disparu jusqu'au dernier.

Souvent il arrive que d'honnêtes propriétaires reviennent har-

---

(1) *Mémoire*, par M. Greppo, p. 9.

(2) Voir à ce sujet les travaux vraiment classiques de M. A. Puvis, *Notice statistique de l'Ain*, p. 111, etc.

diment se fixer au milieu du foyer de peste. Au péril de leur vie, ils travaillent à convertir la terre maudite en terre habitable; bientôt ils en sont récompensés par une augmentation de leur héritage et par la reconnaissance de tous. Mon souvenir le plus cher est d'avoir travaillé, dans mon enfance, à mesurer, arpenter, dessécher, avec mon père, le plus pestilentiel de ces marais (1) ; mais que peuvent des actes isolés, contrariés, empêchés par une législation sauvage, aussi longtemps que la puissance publique ne s'associera pas à l'effort de quelques uns (2) ?

Car, pour maintenir ce régime de mort, il a fallu appuyer une industrie barbare sur une législation plus barbare (3), conserver pour nous seuls les coutumes féodales, enlever à des hommes déjà déshérités la garantie du Code civil dont tous les autres jouissent, c'est-à-dire qu'après les avoir empoisonnés dans leurs corps, c'est le droit féodal qui continue de régir leurs biens. Qui croirait qu'il y a en France un pays où quiconque peut construire une chaussée a le droit d'inonder, d'immerger son voisin (4) ?

Dans le même marécage, l'un possède l'eau et l'autre le sol. Ni l'un ni l'autre n'a la liberté de dessécher l'hydre, d'assainir son héritage, de le rendre habitable. Non ! la peste a le privilége. Si le propriétaire réclame le droit d'arracher sa terre au marais et de ne pas s'empester lui-même, ce droit lui est refusé : il n'est que le premier serf de sa glèbe. Le vrai maître, le tenancier qui doit survivre à tout, ce n'est pas l'homme, c'est l'étang. Nul espoir de se soustraire à la loi de mort. Tous sont liés l'un à l'autre dans un communisme gothique. De père en fils, le vivant est attaché au cadavre.

Je lis dans une loi des barbares, que la femme adultère était condamnée à être étouffée vivante dans le limon d'un

(1) Les léchères.

(2) *Rapport de la commission d'enquête*, p. 195.

(3) Dans ce pays règne une jurisprudence sauvage. Les étangs sont une nature de biens privilégiée, *res sacra.* (*Mémoire*, par Valois, p. 2, 1844 — *Commission d'enquête*, p. 200, etc. — *Mémoire sur la question légale*, par M. Digoin, p. 14, etc., etc.)

(4) Le propriétaire qui veut détruire son étang ne le peut pas. (*Observations sur les étangs de la Bresse*, p. 12.—*Des étangs et de la nécessité d'une législation nouvelle*, de Marivault, 1826, p. 34.)

étang. C'est le supplice de la population la plus innocente de France. A de tels maux, qui eût dit qu'on pouvait en ajouter de plus grands ?

Au milieu de ces calamités intolérables et permanentes, quelles plaintes avez-vous jamais entendues? En quoi ces hommes si patients à mourir vous ont-ils jamais importunés de leurs instances? Quel journal, quelle presse, quel club, quelle tribune a jamais porté jusqu'à vous leur funèbre histoire?

Vous ont-ils jamais demandé non la fortune, non l'aisance, non le droit au travail, non le droit à l'assistance, non le droit à l'aumône, mais seulement le droit de respirer, en vous priant d'éloigner d'eux le poison qui les tue? Avez-vous jamais ouï une parole, je ne dis pas menaçante, mais amère de ces hommes? Connaissiez-vous leur existence, vous qui lisez ces lignes? Tel est l'excès de leur misère que leur principal caractère est l'indifférence pour la vie.

Les eussiez-vous trouvés bien criminels, si pour avoir non du pain, mais leur part d'air vital, comme toutes les créatures, ils vous eussent demandé de détruire l'exception qui, du foyer pestilentiel où ils sont plongés, fait une propriété privilégiée, sacrée, incommutable, réglée par des usages seigneuriaux (1), lesquels perpétuent indéfiniment le fléau sans aucune possibilité de le voir disparaître? Enterrés vivants, les condamneriez-vous s'ils avaient espéré que la république qu'ils ont saluée, que M. Louis-Napoléon qu'ils ont acclamé, entr'ouvriraient la tombe féodale où la révolution les oublie, et qu'une voix leur crierait : Sors, Lazare !

Mais s'ils l'ont pensé, ils ne l'ont point montré. S'ils l'ont cru, ils ne l'ont dit à personne. Le même silence a pesé sur leurs solitudes, après comme avant 1848. Pas un témoin, pas un espion ne les a trouvés en flagrant délit d'espérance.

Lorsqu'il semble, le premier devoir était de corriger l'indignité du sort qui les accable, comment, par quels bienfaits le gouvernement nouveau s'est-il montré à eux? Comment, à

---

(1) A l'exception de quelques uns des possesseurs qui bordent le plateau, il n'en est peut-être pas un seul à qui il soit loisible de changer le mode de culture de ces réservoirs insalubres. (*Mémoire sur la question de la suppression des étangs*, par M. Digoin, p. 53, etc.)

cette détresse de deux siècles, a-t-il répondu? Je vais le dire.

Ce n'est pas d'aujourd'hui, en effet, que datent les avertissements qui annoncent la mort de cette population. Depuis 1789, jusqu'à nos jours, il y a comme un cri d'alarmes qui ne cesse pas un moment.

Avant 1789, c'est le cri sourd de la terre : « *les sépultures surpassent les naissances.* »

Peu d'années après, en 1791, un (1) avertissement formel est donné : « La calamité augmente sans cesse ; et sous nos » yeux l'enceinte du foyer de peste s'étend à un point qui ef- » fraie. » Malgré le bruit de la révolution, l'assemblée législative et la convention entendent distinctement le cri de détresse ; elles répondent coup sur coup par deux lois de salut, du 11 septembre 1792 et du 4 décembre 1793, qui ordonnent le desséchement des étangs ; un peu après, la révolution est vaincue ; l'une de ces lois est retirée, l'autre tombe en dessuétude.

En 1808, l'administration elle-même donne la mesure du mal (2) : « Le déficit des naissances sur les morts est de plus d'un quart. » Personne ne s'émeut de cette déclaration officielle ; l'empire passe devant cette fosse sans la regarder.

Plus tard, un observateur en calcule de nouveau la profondeur (3) : « Dans les quinze dernières années, dit-il, sur une population de 13,768, le nombre des naissances, pendant quinze années, a été de 8,605, celui des décès de 11,796, ce qui donne un excédant de 3,191 ou de plus de 3/8 pour les morts sur les naissances ; la destruction de la population dépasse donc des 3/8 sa reproduction, et depuis quarante ans *le mal va toujours empirant.* » La restauration, la quasi-restauration passent et se ferment les oreilles.

Même progression de mort en 1849. Seulement, dans l'intervalle, beaucoup de voix, et des plus considérables, ont appelé au secours. J'ai là, sous mes yeux, toute une bibliothèque de savants

(1) Varennes de Fenille, *Nouvelles observations sur les étangs*, p. 24, 41, etc., 1791.

(2) *Statistique de* 1808, par M. de Bossi, préfet de l'Ain.

(3) Dépouillement fait par M. Digoin au greffe de Trévoux des actes de l'état civil des quinze dernières années de vingt-cinq communes du pays inondé.

mémoires qui font crier la plaie. Que ne puis-je citer tous leurs auteurs, pour l'honneur de l'humanité ? « C'est une contrée » frappée de malédiction, » dit l'un. « C'est une Algérie, re-» prend un autre (1) : l'air qu'on y respire est plus funeste que » le sabre et les embûches des Bédouins. » Une troisième voix s'élève, pleine aussi d'autorité : « La population de la Dombes » périt (2) ; les terres sont frappées d'interdit. Il n'est pas pos-» sible de consacrer un pareil ordre de choses.!! » A une sem-blable désolation, M. Puvis, président de la Société de l'Ain, met le comble par ces mots : « Les morts l'emportent d'un tiers » sur les naissances,.... le chancre s'agrandit (3). Hâtons-nous » donc, s'il se peut, d'y porter remède. L'humanité, l'intérêt » du pays entier le réclament à grands cris. » Ainsi, le glas ne s'arrête pas.

Le 10 décembre enfin, le malade lui-même se relève de sa couche ; il acclame le nom de Bonaparte comme le pestiféré de Jaffa. Cette fois, le gouvernement est averti ; il ne peut plus ignorer que cette population respire encore. Non, il ne passera pas comme les autres. Il s'arrête, et voici sa réponse : Etat de siége, perquisitions, inquisitions domiciliaires, enlèvements d'hommes pendant la nuit, les mains liées derrière le dos ou avec les menottes ou la chaîne au cou, emprisonnements préven-tifs, cachots, mises au secret, garnisaires, conseils de guerre, menaces, injures, espions, comparutions, délations, destitutions, ruine, détresse, terreur : voilà enfin le remède trouvé, et le bon Samaritain qui porte secours à son frère blessé.

Oui, c'est sur ce malheureux plateau des Dombes et de la Bresse qu'ils ont eu le courage de faire un exemple et de dé-chaîner de nouveau 1815. Partout ils promènent au loin, ils font rayonner leur terrorisme dans le hameau le plus écarté du Bugey et de Gex. Mais nulle part ils n'ont autant pesé, au-tant appuyé de la crosse de fusil et de l'éperon que là, sur la plaie vive, à l'endroit où la pauvre créature humaine, défaillante, crie et succombe. Villars, Saint-André, Sainte-Croix, Bouli-

(1) Latil de Thimécourt, président de la Société d'agriculture de Trévoux. (*Bulletin* no 7, p. 8.)

(2) Mémoire de M. Diguin, p. 30.

(3) A. Puvis, *Du desséchement des étangs*, p. 11, 49.

gneux, Saint-Nizier-le-Désert, ils ont commandé leurs plus beaux exploits autour de ces sépulcres. Marchant avec précaution, ils les ont entourés de nuit, et ils y ont encore enlevé quelques vivants bons à être garrottés.

Il y avait une misérable ville, chef-lieu de ces déserts, qui, de 4,000 habitants, est réduite (1) à 200 : c'est Villars. N'ont-ils pas aujourd'hui quelques remords d'avoir fait investir à minuit ces catacombes par 1,800 hommes déployés en bataille ? Valait-il bien la peine de manœuvrer si savamment pour surprendre dans leurs lits les derniers de ces Lazares qu'ils n'ont pu faire condamner à une heure de prison, après les y avoir laissés pourrir pendant trois mois. Eh ! que ne les laissait-on tranquilles ? ils eussent bientôt suivi les autres.

Je connais des hommes (2) qui, depuis quelques mois, ont été tour à tour emprisonnés, puis relâchés, puis réemprisonnés et mis au secret, puis de nouveau relâchés, et qui n'ont jamais vu le juge. Amusement barbare ! ils sentent tour à tour la liberté et la geôle, sans savoir jamais par où finira ce jeu. Le pis dans la tyrannie, c'est la dérision. Jusqu'ici, le droit de l'opprimé était du moins le sérieux de l'oppresseur.

Se figure qui le pourra le spectacle de corps expéditionnaires qui, le mousquet au poing, poursuivent et cherchent sur la margelle des étangs un rassemblement fantastique ! Ce que l'on se représentera plus difficilement, c'est l'impression morale de ces enlèvements d'hommes, la surprise, la stupeur, puis le dédain, l'ironie, l'indignation dans une population ravagée, réduite de 2,000 habitants par lieue carrée à moins de 300 (3), et même à 180 (4), comme dans les terres sauvages, là où toute détresse s'aggrave par l'éloignement, par l'inconnu, par la solitude, par l'abandon. J'ai vu la Morée après Ibrahim ; j'atteste que la malédiction n'était guère plus grande.

Qui ne plaindrait les officiers condamnés à ces folles expéditions ? Étrangers au pays où on les envoie, ils doivent nécessai-

(1) *Rapport de la commission d'enquête*, 1840, p. 27.
(2) Par exemple les deux adjoints d'Ambérieux, dont il sera question plus bas.
(3) Enquête, p. 66.
(4) Mémoire de M. Digoin, p. 52.

rement se croire entourés d'ennemis invisibles. Moins il y a de réalité dans le crime que l'on cherche, plus il faut pressurer le pays pour en faire sortir un crime imaginaire.

C'est la méthode de la torture appliquée à tout un territoire. Qu'il confesse un complot, une insurrection impossible ; sans cela point de trêve.

J'imagine que plus d'un officier a dû sourire tristement de ses ordres, lorsque envoyé en toute hâte pour réduire au besoin, par la force, la population agglomérée des Dombes, il ne trouvait sur le lieu de l'émeute qu'une église abandonnée et quelque fiévreux frissonnant sur un sillon. Enfin le complot, l'insurrection ne se rencontrant nulle part, il est resté convenu que si ce territoire ne pouvait, faute de population, être coupable de rassemblement, il pouvait fort bien, au moins, l'être d'une pensée, d'une idée, d'une tendance quelconque ; à ce titre, depuis sept mois, le voilà soumis à l'état de siége le plus extravagant qu'on vit jamais.

Qui l'emporte de l'odieux ou du ridicule ? Il vaut la peine de le savoir.

On parle tout bas dans le pays d'une grande insurrection de revenants à Saint-Nizier-le-Désert ; à leur tête se trouvait leur compatriote, le nommé Joubert, vainqueur de Rivoli, républicain exalté, esprit dangereux ; la police le surveillait. A la première sommation il a disparu honteusement avec un éclat de rire. Grâce à ce vigoureux coup de main, le calme n'a plus été troublé.

Vous demandez comment, dans ce pays, un préfet, un commissaire civil ou militaire, un proconsul peut dormir tranquille au milieu de tant de chiffres de morts ? Belle question ! L'expérience a montré que rien n'est plus aisé que de se débarrasser d'un pareil souci. On arrive. Précédé de cinquante gardes à cheval et de deux compagnies de voltigeurs, on parcourt à la hâte cette terre condamnée. De loin en loin se rencontrent des hommes blêmes, amaigris, qui se tiennent à l'écart et grelottants sur la douve du marais. Vraiment, dit l'autorité éclairée d'un trait de lumière, ces hommes n'ont point l'air satisfaits ! évidemment ils conspirent. Et, sur cette observation, l'interdit du sabre est jeté sur tout ce territoire. Par la violence des lois exceptionnelles, on le retranche du reste de la France ; vrai système d'amputation en matière de gouvernement. Que serait-ce s'il fallait étudier ce pays avant de le menacer, le connaître avant de le frapper, panser la plaie au lieu de la déchirer? Se moque-t-on du pouvoir, et le croit-on fait pour cela?

Ici, pourquoi ne placerais-je pas la lettre qu'écrivit ces jours derniers un paysan de la Bresse? L'assemblée des patriciens ne se crut point offensée pour avoir écouté à sa barre le paysan du Danube. Dans son simple langage, cette lettre parlera peut-être aux consciences dont je ne puis trouver le chemin.

« Nous avons défendu jusqu'au bout l'empereur, en 1814, de » nos fusils de chasse, de nos fourches, de nos faux. Paris était » déjà rendu, que nous tenions encore dans nos teppes. L'oncle » s'en est souvenu à Sainte-Hélène ; comment le neveu s'en sou-» vient-il ?

» Qu'avons-nous fait ? Le doigt sur la détente, comme à l'ap-» proche de l'ennemi, ils parcourent le pays; ils inspectent les » buissons, ils fouillent les verchères, ils cernent les taillis. » Que cherchent-ils ? Les Cosaques sont-ils cachés dans nos che-» nevières ? C'est trop de bruit ! nos troupeaux en sont effarés.

» La nuit passée, les deux adjoints d'Ambérieux furent enlevés » dans leurs lits et conduits dans la prison de Bourg. On dit qu'ils » ont déjeuné dans le grangeon de leur vigne, la porte à moitié » close, à cause du vent ; ce qui fait une société secrète. Qua-» rante-huit guides à cheval ont suffi à l'expédition. Les femmes » pleurent, les hommes se taisent. Les accusés ont été mis au » secret.

» Votre voisin, le maire de Saint-André-de-Corcy, fut lié, » les mains derrière le dos, en tête de sa commune. Ils avaient » soif, ainsi garrottés, surtout le forgeron, qui en porta long-» temps la marque; par pitié, les soldats leur apportèrent à » boire. Le maire de Trévoux fut battu et souffleté jusqu'au » sang. Vous connaissez l'instituteur de Villars ; celui qui vous » fit si bon accueil; il voyagea, les menottes aux mains, plus » commodément, à mon gré, que ce monsieur de Gex qui passa » ici la corde au cou.

» A Champagne, Montluel, Thoissey, Trévoux, Miribel, Saint-» Laurent, Nantua, Poncin, dans la bonne Bresse, surtout dans la

» mauvaise, force gens de bien de toutes sortes, bons bourgeois,
» journaliers, moissonneurs, batteurs, carats, furent emprisonnés.
» Le tribunal les renvoie chez eux avec honneur. Mais leurs
» moissons, qui les leur rendra ? Qui nourrira leur famille cet
» hiver ? Ceux-là rentrés, d'autres les remplacent. Dans mon
» canton seulement, soixante-huit sont signalés qui attendent les
» menottes. Que voulez-vous ! ils ont lu le journal : voilà le
» crime. Bien avisés ceux qui couchent dans les bois.

   » Vous avez effacé la peine de mort, à ce qu'on nous dit ; mais
» la peine de ruine sans jugement, d'un mot, sans écriture,
» c'est la mort pour nous, et la pire : demandez-le à mon voisin.
» Son établissement fut fermé, à la Saint-Jean, par les gendarmes,
» vu qu'il avait oublié d'éteindre sa chandelle à l'heure du
» couvre-feu. Il en vivait. Le pauvre homme fut sur la paille.
» Son garçon s'est fait carat : vous savez quel métier dans le pays
» d'étangs. Chaque nuit, après le labourage, quand les autres
» dorment, garder les bœufs au milieu de la brouille du grand
» étang, sans blouse, ni manteau, presque nus, les deux pieds
» dans le marais, peu de ces enfants en reviennent seulement
» après un an. Celui-là en mourut aussi. Depuis ce temps, le
» père a le mauvais frisson : il dit qu'il n'a point de goût à la vie.
» Avec cela, le monde diminue toujours chez nous, il s'attriste.
» De douze feux que nous étions, nous voilà réduits à deux (1),
» qui bientôt s'éteindront. Que la volonté de Dieu soit faite ! Mais
» est-il nécessaire que les garnisaires s'en mêlent ? Croyez-moi,
» ils sont de trop.

   » Nous ne nous plaignons pas de ce que la vie est plus courte
» de moitié pour nous que pour les autres Français, ni de ce
» que la vieillesse nous arrive quand l'âge mûr commence pour
» les autres. Nous ne demandons pas à vivre plus longuement :
» mais nous aimerions à ne point passer ce peu de jours dans la
» prison de ville, loin de nos femmes, de nos enfants. Est-ce
» trop demander ? Parlez-en, Monsieur, à quelques uns de vos
» collègues. S'ils ne pensent pas comme vous, ils sont hommes
» après tout. »

(1) Ceci est d'accord avec le *Rapport de l'enquête*, qui dit précisément la même chose, p. 157.

Telle est la lettre du village : cinquante mille hommes la signeraient au besoin.

Moi-même j'ai vu une partie des maux qu'elle raconte. L'an dernier, en lisant, dans un cimetière de campagne, les noms de presque tous mes compagnons d'âge, de presque tous ceux que j'avais connus, et me souvenant de la patience, de l'abnégation sublime de ces morts, dont le nom ne sera plus jamais prononcé par personne, j'ai pris envers eux et envers moi l'engagement de faire connaître les maux intolérables qui les ont conduits à une fin prématurée.

Voilà pourquoi je dis, je répète à la France, si elle veut m'écouter, à mes collègues, à la presse, à tous les pouvoirs constitués : Vous plaît-il que cet état de choses continue ? Voulez-vous, entendez-vous sérieusement laisser périr au milieu de vous cette population jusqu'au dernier homme (1), sans seulement tourner la tête de son côté ? On sait d'une manière certaine l'année, et pour ainsi dire le jour où disparaîtra cette race d'hommes si nobles, si intègres, qui se personnifie dans Joubert. Voulez-vous, entendez-vous donner un privilége éternel au poison, et garrotter, châtier l'empoisonné (2) ? Si ces hommes se sont pris à espérer, est-ce bien votre volonté assurée, réfléchie, qu'ils soient replongés d'un coup de crosse dans la fosse commune ? Est-ce là votre mot suprême ?

Dans une époque qui prétend relever tout ce qui souffre, je pensais que c'eût été une entreprise de quelque valeur, que de tendre la main à 30,000 Français enterrés tout vivants. Pour les sauver, que faut-il ? Rendre la nature à sa disposition première et faire entrer le Code civil chez ces derniers serfs de la coutume féodale. Vous le pouvez si vous voulez. Au lieu d'une léproserie de 30,000 serfs de l'évolage, vous pouvez faire sortir de terre 100,000 paysans robustes et aisés. Vous avez ici dans vos mains, à un certain degré, ou la puissance de la mort, ou la puissance de la résurrection. Dites un mot (3), et le miracle commencera de

---

(1) *Rapport de l'enquête*, p. 157.

(2) *Cette espèce d'empoisonnement miasmatique.* (*Rap. de l'enquête*), p. 189.

(3) Nous redirons donc que la Dombes peut être facilement assainie. (*Rapport de la commission d'enquête sur l'assainissement du département de l'Ain*, p. 190.)

s'accomplir; le temps qu'il faut mettre à tout fera le reste; mais du moins, commencez. La nature vous y invite, puisque c'est par un effort monstrueux et permanent qu'elle est de nouveau submergée chaque année, et que, contrairement à la première de ses lois, c'est sur une pente rapide (1) que l'on parvient, à force d'art, de travaux, de chaussées, de douves, de daraises, de préjugés, de volontés rétrogrades et de lois féodales, à retenir et conserver le fléau.

Mais si vous ne voulez rien faire pour ces malheureux, laissez-les du moins mourir en paix. N'ajoutez pas plus longtemps au supplice de la nature bouleversée, viciée, empoisonnée à plaisir, le supplice d'une loi de terreur. Ne mettez pas ces hommes plus longtemps et tout ensemble à l'interdit de la nature, et à l'interdit de la société française. Sans cela il est impossible que vous ne finissiez par être taxés d'une intolérable barbarie. Veuillez y songer. N'est-ce pas assez de mourir si tôt et si tristement? Quand même ils auraient éprouvé au fond du cœur quelque amertume contre un ordre social qui leur impose, à eux seuls, une forme homicide de la propriété, est-ce le vrai moyen de les convertir que de les traîner, menottes aux mains, entre le garnisaire et le fossoyeur?

Et quelle raison, je vous prie, de leur laisser le bâillon? qu'on en dise une seule. Mais, non; les vrais, les uniques motifs de l'exception, personne n'ose les avouer, tant ils seraient risibles et monstrueux; si bien que pour les combattre, je suis obligé de les deviner. Essayons.

Il n'y a pas longtemps qu'un homme de bonne volonté alla plaider la cause de ses compatriotes auprès d'un homme puissant. La compagnie était nombreuse, choisie; le réclamant parla simplement, mais avec trop d'émotion pour être habile; il pria, supplia, il adjura au nom de l'humanité; bref, il crut sa cause gagnée. Ayant réfléchi mûrement, l'homme d'État, après une pause, le regarda et l'interpella en ces termes : « D'après la géographie, autant qu'il m'en souvient, c'est donc vous qui êtes voisins de Lyon?—Pardonnez-nous, dit le premier, si c'est là notre crime, nous sommes plus près du Jura. — Précisément! c'est

(1) La pente du plateau est très forte, plus forte qu'elle n'est en aucun pays de plaine. (A. Puvis.)

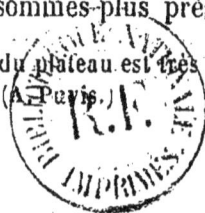

bien pis, répliqua le second, vous êtes alors voisins de la république de Genève? Malheureux! ah! vous l'avouez enfin! — Point du tout, reprit l'un en s'inclinant, nous vivons sous l'eau, deux ans sur trois, retirés et dégoûtés du monde. Grâce à nos déserts, nous ne sommes les voisins de personne. — Vous ne m'entendez pas, dit l'autre, vos affaires sont plus mauvaises que vous ne pensez. — Comment cela? s'écria le réclamant avec inquiétude. — Écoutez-moi, repartit l'homme d'État avec autorité :

« Véritablement vos compatriotes sont plaisants! Eh quoi! » ces hommes ont la pleine et entière liberté de respirer comme » il leur plaît, dans toute une province où la vie est rendue im- » possible. Et voyez le mauvais esprit! ils demandent, ils espèrent, » en secret, quelque chose de mieux ; on n'est pas plus absurde » que cela, avouez-le, ni plus ennemi de tout gouvernement » régulier. Comment! ils ont l'air de n'être pas convaincus que de » grands tenanciers ont le droit absolu d'empoisonner tout être » vivant dans une étendue de quatre-vingts lieues carrées. Où » iriez-vous avec ces idées-là? Que devient le droit de la pro- » priété et de la famille, s'il n'emporte avec lui le droit de dé- » truire l'espèce humaine? Allons donc! qui voudrait d'un droit » ainsi réduit par les barbares du Socialisme? Voyons, répon- » dez, je vous attends. Mais cela vous est impossible. Il est vrai » que ces hommes ne se plaignent ni ne se révoltent. Aucun » désordre n'a éclaté parmi eux ; mais ils raisonnent, m'écrit-on, » non pas à haute voix, mais tout bas, le soir, au coin du feu, » au chevet des mourants, à la conduite des morts ; enfin, ils » pensent : c'est beaucoup trop. Je les soupçonne de croire que » des hameaux bien peuplés, bien cultivés, bien nourris, où l'on » entendrait le cri des laboureurs, le bruit des enfants, le chant » des fileuses, vaudrait un grand étang brouilleux éternellement » calme, éternellement silencieux, où nulle réunion, nul club » n'est possible, véritable image de l'ordre social, tel que mon » imagination le comprend. De bonne foi, une telle utopie se » peut-elle tolérer? Puis, élevant la voix : Voulez-vous, ajouta-t-il, » que je vous donne la vraie, la grande, la profonde, la grave » raison d'État? Eh bien, je la dirai à mon pays. La voici. Ces » hommes sont pâles ; et Jules César nous apprend que les

« hommes pâles sont dangereux aux empires et qu'il faut s'en
» défier. Vous sentez bien que tant que vos compatriotes con-
» serveront le même air de visage, je suis, en conscience, obligé,
» pour être un homme politique sérieux, de les faire garder à
» vûe. »

Ainsi parla le grand homme. La compagnie, jugeant sur ce dis-
cours, qu'en somme il avait peu d'esprit, eut peine à le laisser
achever ; elle ne l'applaudit qu'une fois, par habitude, avant
qu'il eût rien dit. De dépit, il se retira des grandeurs et laissa
sa place à un autre. Pour lui, il alla finir tristement dans le
ridicule.

Voyez donc la logique du mal ! Il ne suffisait pas que ces
hommes fussent dans une condition physique impossible ; il a
fallu les soumettre à une loi civile monstrueuse ; et ces iniquités
en appelant une troisième, il a fallu les garrotter par un état de
siége qui est lui-même une exception dans l'exception. Avec
l'iniquité toujours croissante, la force se trouvant toujours trop
faible, on déclare aujourd'hui après sept mois, que l'état de
siége, tel qu'il a été pratiqué, ne suffit plus ; il faut avoir recours
à des moyens nouveaux ; il faut serrer davantage le frein.

Malheur à qui du fond de cette détresse lève les yeux vers
l'assemblée nationale. Le gendarme menace de prison le paysan
qui pétitionne ; en sorte que, parmi nous, le vœu même est un
délit. La police, s'interposant entre la bouche du peuple et l'oreille
de l'assemblée, confisque la prière au passage.

Admirez le système. Ce dut être celui du docteur Francia,
dans le Paraguay. Un officier de cavalerie décide que telle histoire,
telle littérature, tel roman permis, utile dans le reste de la France,
est au-dessus de notre intelligence. Voilà, de son autorité, le vo-
lume retranché. Pour nous l'almanach serait trop savant, il nous
nuirait ; le lire devient un crime d'État. Il y avait dans le voisinage
un ancien journal, le *Censeur*, par lequel s'exhalait encore quelque
vœu. Le sabre déclare, foi de théologien, que ledit journal, *ne
croyant pas à l'infaillibilité du pape*, ne peut, en conscience,
continuer à vivre ; ce qui doit amener, si l'on veut être consé-
quent, la réfutation et la conversion forcée de l'Église protestante
par un piquet de hussards.

Excellente institution que ce tribunal de l'index que nous avons nouvellement imité du Saint-Office, et rapporté de notre campagne de Rome, en l'appropriant à nos mœurs. Là-bas, chez les barbares, des hommes de livres jugent les livres et les prohibent; chez nous, ce sont des hommes de sabre; encore les avons-nous réduits à un seul, omnipotent, omniscient, qui, étranger à notre pays, voit mieux que nous ce qui nous convient dans les sciences, les arts, les lettres, et du premier coup d'œil nous ramène à l'alphabet. Dieu fasse qu'il nous le laisse! Mais le moyen de l'espérer? Déjà les journaux de Paris, que tout le reste de la France lit sans danger et avec profit, ne peuvent pénétrer chez nous, non plus qu'en Chine.

Que veulent-ils donc faire de notre pays, en élevant cette muraille entre lui et le reste du monde? Empêcheront-ils l'air de la patrie de passer sur nos têtes? Après nous avoir ruinés, faut-il encore nous dénationaliser? Nous arracheront-ils des entrailles de la France? Oui, il faut en arriver là, où ce système est insensé.

Car, encore une fois, pourquoi cette inquisition militaire? Que poursuivent-ils dans nos champs? Je l'ai dit, ce n'est pas un fait, un complot, un corps de délit. Non! stratégie toute nouvelle, nos troupes sont envoyées à la piste d'une pensée, de ce qu'ils appellent une tendance. Le pays pense mal; les baïonnettes ont mission de le forcer à penser bien. Ordre est donné de débusquer au pas de charge, des taillis, des cheintres, des étangs, des vernais, non point un rassemblement, mais une idée, une conviction intime, une espérance d'avenir bonne ou mauvaise qui se promène sur les nues. Les voltigeurs sont chargés de harceler une doctrine qui traverse les esprits. Ne demandez pas quelle doctrine; personne n'en sait rien : c'est l'affaire des officiers d'en prendre connaissance, sous leur propre responsabilité, en posant leurs factionnaires. Sentinelles, prenez garde à vous! la consigne, dans toute la 6ᵉ division militaire, est de ne laisser passer aucune idée, sous une forme quelconque, sans l'arrêter et la traîner morte ou vive devant l'autorité. Guerre difficile, s'il en fut, surtout dans un pays où chacun pense prudemment et sagement, parle peu et bas, où le naturel est réservé, l'exaltation inconnue, où les mœurs sont admirables, où le calme, la placidité qui naissent d'une bonne conscience sont le caractère de la population entière.

Napoléon, non pas le neveu, mais l'oncle, qui connaissait et aimait, pour les avoir éprouvés dès Montenotte, ces hommes vaillants et sûrs, disait d'eux à une revue : *Braves gens quand ils ont cassé leurs sabots*; c'est-à-dire quand ils sont sortis du premier étonnement et de la douce innocence de leurs forêts. Comment, avec de pareils gens, croiser avec succès la baïonnette contre des idées dont personne ne dit rien ? Aussi la campagne est ingrate; on assure que nos conscrits aimeraient mieux avoir affaire aux Russes.

Veut-on un exemple parlant de cette résistance passive à l'injustice flagrante? Le voici; j'en fus témoin : il n'en est pas qui peigne mieux le pays et la violence qui lui est faite. C'était dans l'un des villages répandus entre la Bresse et le Bugey; il n'était bruit là, comme partout, que de mandats d'amener : cette fois, la lettre de cachet avait frappé l'un des principaux habitants du lieu, riche commerçant, qui a su se faire aimer. Depuis six semaines, gendarmes, voltigeurs, guides à cheval, le traquaient jour et nuit; ils n'avaient pu le saisir. Quelle ne fut pas ma surprise de le voir par un beau jour d'été, le matin, prendre le frais sur la place; pendant le fort du soleil, s'asseoir à son bureau, diriger son commerce; le soir venu, visiter ses amis et cultiver son jardin! Pourrait-on, lui dis-je en m'approchant, avoir l'explication de ce mystère? « Aisément, répondit-il; et me conduisant sur la place: Vous voyez autour de vous, reprit-il, le hameau? Il n'est pas là un enfant, un homme, une femme, un vieillard qui ne veille pour moi. Mes sentinelles sont partout. A peine un cavalier apparaît à l'horizon, j'en suis prévenu; je m'abrite où il me plaît; tous ces cœurs me sont ouverts. » Trois mois se passèrent ainsi, notre homme toujours tranquille à son bureau, les gendarmes sur les dents, déjà suspects. Qui se lassa le premier? L'autorité. Elle finit, ne pouvant mieux, et probablement aussi épuisée d'injustice, par retirer sa lettre de cachet. Ce qui donna au brigadier l'occasion de s'excuser par ces mots : « Cet homme est mieux gardé qu'un roi dans son royaume. » Je le crois bien, il était abrité dans la conscience publique.

L'état de siége, c'est-à-dire la suppression du droit commun, violent de sa nature, ne peut être qu'une mesure transitoire dans un moment de péril flagrant; rendez-le permanent, vous sortez des conditions de la civilisation. Contrairement à tous les sytèmes de gouvernement, plus celui-ci se prolonge, plus il devient impossible; il se dégrade par sa durée même. Comment des hommes acoutumés à obéir jusque-là, subitement investis d'un pouvoir absolu, libres de trancher la loi à coups de sabre, conserveraient-ils longtemps l'équilibre nécessaire dans un gouvernement même de tyrannie? Ils ne le peuvent. La magistrature civile dégénère en servitude militaire, l'esprit militaire en esprit de police, l'oppression en abjection; tout se mêle, se brouille; et cette suprématie absolue de la crosse de fusil en toute matière, politique, religieuse, judiciaire, morale, contraire au sens commun, funeste à tous, est véritablement mortelle à l'armée.

Ou les populations de cinq départements de France se plieront passivement aux habitudes de l'état de siége, ou elles résisteront moralement à la contrainte. Dans le premier cas, le mépris des magistratures civiles, souffletées en plein jour par la main de la police militaire, s'établit partout. On s'accoutume à n'obéir qu'à la peur. La loi, trop longtemps voilée, disparaît. Cinq départements frontières, dont le patriotisme veillait pour tous, désormais hébétés, sans droit, sans conscience, rampent devant le premier venu qui se présente avec un morceau de fer. L'Ain, l'Isère, la Loire, la Drôme, le Rhône, ces cinq vedettes avancées de la France, s'assoupissent dans l'opprobre. Façonnées par avance au régime autrichien, russe, pontifical, elles s'endorment; le jour venu, elles laissent passer, sans la reconnaître, l'invasion qui se présente; la cravache précède le knout.

Dans le second cas, celui où la conscience proteste en secret contre l'insolence de la force brutale, il s'amasse des trésors inépuisables de haine; en sorte que le peuple le plus doux de France se trouve dans cette alternative : ou l'avilissement devant la force, ou la malédiction de l'injustice condamnée à s'accroître chaque jour.

Dans cette alternative, comment voulez-vous qu'ils hésitent? Certes, il faudrait croire que nous sommes de grands misérables, s'il suffisait de nous présenter la pointe d'une baïonnette pour nous arracher quoi? une espérance, une pensée. Qu'avons-nous fait de plus que le reste de la France? Vous êtes peu éclairés, nous dit-on. Est-ce comme méthode nouvelle d'éducation que l'on nous impose depuis sept mois l'état de siége? Veut-on faire une expérience sur nous avant de l'étendre à la France? Mais pourquoi ce privilége? Nos villageois sont réputés les hommes les plus faciles à gouverner; espère-t-on qu'eux domptés, humiliés, ils serviront d'exemple à tous les autres?

Je dois vous avertir ici qu'on se méprend sur ces hommes; autant ils sont respectueux devant le droit, autant ils sont obstinés, dans leur cœur, devant l'injustice. N'ayant pas le souci d'une longue vie ni l'embarras d'une vieillesse avancée à soutenir, avec le peu de jours qui leur sont donnés, ils sont peut-être les mieux disposés et les mieux faits de France pour soutenir sans capituler la religion de la justice.

Que peuvent des dragonnades contre des laboureurs, des pâtres, des journaliers, qui, faisant peu de bruit et mourant à la peine, ne se réunissent, ni ne prêchent, ni ne chantent?

Le soir, au retour des champs, dépliant ses bœufs et apprenant que tel de ses voisins a été arrêté et lié, que monsieur l'adjoint couche en prison, le paysan, qui se souvient des cours prévôtales et de l'échafaud de Savarin, secoue la tête sans rien dire, et songe. Est-ce ce signe, ce silence que vous voulez atteindre? Voilà pourtant la guerre dans laquelle ils vous poussent.

Chose significative! dans une guerre à la conscience, on a choisi pour principal adversaire le plus insaisissable. Il est aisé de dissiper un club, d'étouffer des cris; mais le silence éternel des Dombes, comment le bâillonner? Toutes les baïonnettes du monde échoueraient contre la taciturnité, la lenteur réfléchie, le calme inaltérable du paysan de Bresse. C'est un homme qui marche lentement, mais sûrement. La France était déjà dans les banquets libéraux qu'il était encore attardé à sa charrue. Depuis ce temps, le dernier ouvrier de l'Évangile est devenu le premier; il mesure, il implante, il enfonce, il enracine profondément dans le sol chacun de ses pas. Quand il en a fait un, l'univers entier ne le ferait pas reculer.

Si le crime inexpiable de ces hommes de paix est d'avoir écrit mon nom et celui de mes amis sur leurs bulletins de vote, la justice ne voudrait-elle pas que nous fussions, à leur place, arrachés de nos bancs et traînés, la corde au cou, à travers la France? Évidemment: si l'élection est le crime, nous, les élus, sommes les criminels. Faut-il un châtiment à la liberté, à la conscience du suffrage? L'équité veut que le châtiment retombe sur les représentants, non sur les représentés. N'est-il pas d'autre moyen de faire cesser la ruine de tant d'honnêtes gens? Veut-on continuer indéfiniment l'état de guerre? Qu'on nous prenne pour otages, et qu'on leur laisse un moment de trêve!

Non, vous ne voudrez pas que la force continue indéfiniment son règne, dans le pays que je viens de décrire. Après lui avoir rendu la garantie de la loi politique, vous l'arracherez aussi aux conditions qui le tiennent parqué en dehors des lois civiles ordinaires. Car, si quelque chose est monstrueux, c'est de voir la force physique choisir pour principaux adversaires des hommes déjà occupés par deux ennemis invincibles, une nature corrompue, une mort prématurée. Vous ne vous ferez pas les auxiliaires de l'une et de l'autre; mais en rendant ces hommes au droit commun, vous y rendrez aussi tous ceux qui, sans être plus coupables, sont soumis au même régime d'exce tion; dans ce cas, l'excès des maux que j'ai racontés aurait une fois servi à quelque chose.

Après tout, les persécuteurs se lasseront plutôt que ceux qui, ayant tout subi, n'ont plus rien à redouter; ils conserveront la paix de l'esprit; car ils savent que rien de ce qui est violent au delà de toute mesure ne peut durer, et que lorsque toutes les misères sont rassemblées, c'est un signe que le remède approche.

Ils savent aussi qu'ils souffrent en ce moment pour la France entière. Un jour viendra où elle leur saura gré d'avoir enduré avec patience ce que beaucoup d'autres peut-être auraient jugé intolérable; et si ce jour devait ne pas luire, si la France, condamnée par elle-même, devait être la risée du monde avant d'en être la proie, peut-être le pays le plus misérable ne serait pas celui où l'on pourrait répéter comme dans le mien :

LES SÉPULTURES SURPASSENT LES NAISSANCES.

BIBLIOTHÈQUE NATIONALE R.F. IMPRIMÉS.

156

www.ingramcontent.com/pod-product-compliance
Lightning Source LLC
Chambersburg PA
CBHW070748280326
41934CB00011B/2837